KB200140

"너희의 하나님이 이르시되
너희는 위로하라 내 백성을 위로하라"

이사야 40:1

* 작가 고유의 글맛을 살리기 위해
한글 맞춤법에 맞지 않는 일부 표현은 수정하지 않았습니다.

오늘도, 위로

지은이 | 이은혜
초판 발행 | 2022. 12. 14.
등록번호 | 제1988-000080호
등록된 곳 | 서울특별시 용산구 서빙고로65길 38
발행처 | 사단법인 두란노서원
영업부 | 2078-3352   FAX | 080-749-3705
출판부 | 2078-3331

책값은 뒤표지에 있습니다.
ISBN 978-89-531-4367-8 03230

독자의 의견을 기다립니다.
tpress@duranno.com   www.duranno.com

ⓒ 저자와의 협약 아래 인지는 생략되었습니다.
이 출판물은 저작권법에 의해 보호를 받는 저작물이므로 무단 전재와 무단 복제,
무단 사용을 할 수 없습니다. 이를 어길 시 법적 조치를 할 수 있음을 알려드립니다.

두란노서원은 바울 사도가 3차 전도여행 때 에베소에서 성령 받은 제자들을 따로 세워 하나님의 말씀으로 양육
하던 장소입니다. 사도행전 19장 8~20절의 정신에 따라 첫째 목회자를 돕는 사역과 평신도를 훈련시키는 사역,
둘째 세계선교(TIM)와 문서선교(단행본·잡지) 사역, 셋째 예수문화 및 경배와 찬양 사역, 그리고 가정·상담 사역 등을
감당하고 있습니다. 1980년 12월 22일에 창립된 두란노서원은 주님 오실 때까지 이 사역들을 계속할 것입니다.

오늘도,
위로

이은혜 지음

두란노

추천사

코로나 팬데믹으로 온 사회 구성원이 격리되며 우울감과 소외감을 경험하고 있습니다. 꿈과 희망, 삶의 가치마저 포기한 이 시대의 '다포 세대'들에게 이 책이 하나님의 따뜻한 위로와 사랑의 마음을 전달하기를 원합니다. 나를 향한 하나님의 사랑과 위로의 마음을 깨달을 때, 비로소 누군가에게 그 사랑을 전달하고 위로할 수 있는 사람이 됩니다.

작가는 "너희는 위로하라 내 백성을 위로하라"(사 40:1)는 하나님의 말씀에 순종하여 따뜻한 그림과 글로 우리에게 위로를 전달합니다. 하나님의 위로를 받은 나도 누군가에게 특별하고 소중한 사람으로 기억되길 원합니다. 하나님의 사랑만이 우리 모두에게 진정한 위로가 되십니다.

김병삼 목사_만나교회 담임

이 책에는 위로만이 아닌 '멈춤'과 '생각'이 들어 있습니다. 글 때문에 멈추게 되고 그림 때문에 생각하게 됩니다. 그리고 또다시 그림 때문에 멈추고 글 때문에 생각합니다. 좋은 글과 그림은 많은 내용을 깊게 함축하고 있듯이 이은혜 작가의 삶에 녹아 있는 하나님의 인도하심이 그의 글과 그림에서 느껴지는 듯합니다.

이 책은 단순히 한 사람의 삶이 아닌, 우리가 매주 마주하는 삶과 우리 모두의 삶에 개입하고 계시는 하나님에 대해서 이야기하고 있습니다. 포기하지 않으시는 하나님, 끝까지 사랑하시는 하나님, 때로는 나의 실수 때문에 스스로를 자책하지만 그마저 위로하고 배우게 하시는 하나님.

작가의 글과 그림을 통해서 많은 독자가 참된 아버지 하나님의 사랑을 다시 한 번 느끼게 되기를 바랍니다. 잠시 '멈춤'으로 그분을 '생각'하길 바랍니다. 그래서 오늘도 신실하시며 선하신 하나님의 뜻과 사랑을 발견하기를 기도합니다.

조성민 간사_아이자야씩스티원 워십 리더

2008년 한양대학교에서 열린 선교한국 대회에서 강의를 마치고 나오다 우연히 마주친 한 자매와 대화를 하며 걷게 되었습니다. 그 자매가 바로 이은혜 작가입니다. 연약해 보이는 외모와 달리 주님이 주신 자신의 꿈과 부르심에 대해 다부지게 소개하는데 그 밝고 당찬 믿음의 고백이 오랜 이슬람 사역에 다소 지쳐있던 내게 감동과 위로로 다가왔습니다. 그때 마침 중학생이던 둘째 아들이 그림을 시작했는데 작가에게 기회가 되면 그림이 무엇인지 가르쳐 주길 부탁했습니다. 집에 방문한 작가는 A4용지 한 장에 나무 의자를 하나 간단히 그리고는 아이에게 설명했습니다.

"이건 죽은 나무지."

그러더니 나무 의자에 잎사귀 하나를 그려 넣었습니다. 그때 아내와 나는 '와!' 탄성을 내며 박수를 쳤답니다. 의자가 살아났기 때문입니다. 한 번의 터치로 그림이 확 달라진 것이 정말 충격이었습니다. 그때 작가의 한마디를 잊을 수 없습니다.

"이렇게 생명력 있는 그림을 그리면 좋겠어요."

작가에게는 영혼을 살리는 기름 부으심이 있었습니다. 그 이후 거의 15년간 작가의 가정과 친밀한 사랑의 사귐을 이어 오고 있습니다.

이 책은 어떤 신학자의 탁월한 글도, 유명 화가의 그림도 아닙니다. 일상생활 속에서 예수님과 동행하며 자신이 받은 주님의 사랑과 위로를 글과 그림으로 표현한 평이한 신앙 고백서입니다. 그렇지만 주님이 우리에게 주시는 아주 특별한 위로의 편지입니다. 주님이 가난한 자, 병든 자, 세리 같은 죄인들 가운데 머무시며 일상에 일어나는 소재로 하나님 나라에 대해 알기 쉽게 가르쳐 주신 것처럼 이 책도 그러합니다.

작가는 낮은 마음으로 우리에게 하나님의 위로를 전합니다. 십자가의 길을 가는 한 목회자의 아내로서, 두 아이의 엄마로서 분주한 움직임 가운데서 주님이 주시는 성령의 감동을 그림과 글로 이렇듯 표현한 것이 경이롭습니다. 그 자체가 위로입니다. 주님과 사랑하는 사귐이 있고 자신만의 은밀한 기도의 자리가 있었기에 가능한 일입니다.

이 책을 읽으면 주님이 우리를 얼마나 긍휼히 여기고 계신지가 느껴집니다. 그래서 단단한 마음 가죽이 부드러워지고 의외의 장소에서 주님을 발견하게 되며 우리가 생각할 수 없는 일을 하게 됩니다. 놀랍게도 주님의 위로는 우리를 회복하는 것에 그치지 않습니다. 고통 가운데 있는 사람들에게 주님이 주신 위로를 나누도록 하십니다. 우리는 하나님의 위로를 받은 자들입니다. 그래서 우리는 모든 이에게 위로의 빚진 자입니다.

> "찬송하리로다 그는 우리 주 예수 그리스도의 하나님이시요 자비의 아버지시요 모든 위로의 하나님이시며 우리의 모든 환난 중에서 우리를 위로하사 우리로 하여금 하나님께 받는 위로로써 모든 환난 중에 있는 자들을 능히 위로하게 하시는 이시로다"(고후 1:3-4).

주누가 선교사_GO선교회 대표

목차

Intro • 14

1

오늘도 위로

2

십자가의 위로

3

세상에서 위로

주님께 물었다.

'이제 무엇을 해야 하죠?'

그러자 신속 명확하게 말씀을 주셨다.

"너희의 하나님이 이르시되 너희는 위로하라

내 백성을 위로하라"(사 40:1).

위로?

그동안 살아오면서 위로에 집중해 본 적이 있었던가.

내 신앙은 야생에서 자랐다.

네 딸 중 첫째인 나는 목회자이신 부모님과 함께

개척자로 성장했다.

또래 공동체에서 삶을 나누거나

체계적으로 성경공부를 하는 일은 드물었다.

힘드신 부모님을 격려해 드리고
동생들에게는 선생 역할을 했다.
그래서인지 나는 씩씩한 편이다.
눈물이 터져 나올 때는 어쩔 수 없지만,
흘러나오려는 눈물을 꾹 참을 때가 많았다.
마음이 무너질 때마다 감정을 마음 깊은 곳으로 내려보냈다.
슬퍼하는 대신 되도록 좋은 방향의 미래를 생각했다.
그러다가 자고 일어나면 괜찮아졌다.

위로가 필요했던 순간들을 떠올려 보니
선명하게 기억나지 않았다.
하나님께 수없이 도와 달라고는 했지만
위로해 달라는 말은 안 했던 것 같다.
어색하고 쑥스러워서.

그런 내가 주님께 위로를 구했다.
그렇게 글을 쓰고 그림을 그렸다.
새로운 세계가 열렸다.
그분의 사랑이 위로를 통해 흘러들어 왔다.
주님께 기쁨으로 드리던 것들이 힘들게 느껴지고
사랑으로 시작한 것들이 기계적으로 변해 버린 것 같은 나에게
주님은 다시 사랑이라고 말씀해 주셨다.
결국 주님이 이 시간을 통해
나에게 주려고 하셨던 것은 사랑이었다.

작업을 마무리하며 주님께 이 고백을 올려 드린다.
"주님, 사랑 없이 저는 아무것도 할 수 없습니다.
날마다 주님의 사랑으로 제 영혼이 충만해지기 원합니다.
오늘도 저를 위로해 주세요."

위로가 필요한 모든 이들에게,
사랑하는 가족과 친구들에게,
특별히 고된 삶의 길을 함께 걸으며
존재로서 위로가 되어 주는 남편에게
이 책을 전한다.

2022년 12월
이은혜

Intro

◇◇◇◇◇◇◇◇◇

I love dance!

STOP !

그렇지, 그렇게 하는 거야.

나는
춤추는 방법을 배우기 싫은 것이 아니라,

춤추는 즐거움을 잃어버리고 싶지 않은 것이다.

1

오늘도 위로

그럴 수도 있는 일들

◇◇◇◇◇◇◇◇

원하지 않았던 일들이
벌어질 때가 있다.

이유 모를 일들을 해야 한다거나
누군가의 오해와 비난을 받기도 하고
관계가 깨지기도 하며
갑작스레 아픈 곳이 생기기도 한다.
때마다 낯설고 당황스럽지만,
보통의 삶에서 종종 일어나는 일들.

그럴 수도 있다고 인정해야
그다음을 생각할 수 있다.

괜 찮니?

응
괜찮아.

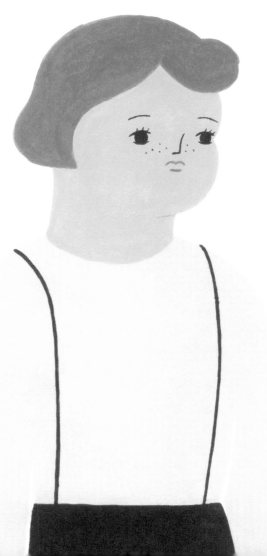

위로가 필요하지 않다고 생각했다.
슬픔이 시간과 감정의 낭비로 느껴졌다.
그래서 눈물이 새어 나오려고 할 때마다
숨을 크게 쉬고 마음을 다독였다.
그렇게 하다 보니 눈물이 잘 참아졌다.

어느새 괜찮다는 말도,
눈물을 참는 일도
습관이 되어버렸다.

정말 괜찮은 것

◇◇◇◇◇◇◇◇◇

나무도 바람을 맞으면
우스스 소리를 내고
바다도 물결이 일면
철썩거리잖아.

무언가에 부딪쳤을 때
소리가 나는 것은
당연한 거야.

직면

◇◇◇◇◇◇◇◇◇

항상 그 자리에 존재해 왔지만
신경 쓰지 않았던 문제들을
직면하는 순간이 온다.
이미 답이 정해져 있는 그런 것들.

심장이 쿵
내려앉는다.

온 힘을 다해 저항해도
해결할 수 없는 일이라면
일단 크게 한숨을 쉬자.
절망 가운데 깊이 머무르자.
그럴 수밖에 없고 그래도 된다.

그러다가 문득 더욱 잘 견뎌 내고 싶은 순간이 올 때
쉽진 않겠지만 그것조차 감사한 일로 여기자.
감사는 어려움을 이겨낼 수 있는 힘을 준다.
그리고 문제로 여겨지던 그 일 덕분에
감사할 수 있는 순간이 반드시 온다.

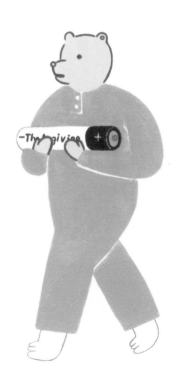

절망 앞에 선 희망

◇◇◇◇◇◇◇◇◇

사람들은 죽음보다 삶을 먼저 생각한다.
잠을 자면 당연히 눈을 뜰 것이라는
무의식적인 믿음이 있다.
오늘 하루는 힘들었어도
더 나은 내일을 기대하는 마음이 있기에
우리는 오늘을 열심히 살아간다.

누군가가 쏟아 내는 비관적인 말에도
살고자 하는 몸부림이 숨어 있는 것을 보면,
세상이라는 바퀴는
그토록 많은 희망이 모여
굴러가는 것일지도 모르겠다.

곡선

◇◇◇◇◇◇◇◇◇

손으로 직접 그리는 그림은
실수하면 되돌릴 수가 없다.
그런데 나중에 보면 거기에 멋이 있다.
의도치 않은 디테일들이
그림에 매력을 더해 준다.

우리는 참 실수가 많다.
어떤 날은 자책하느라
밤잠을 못 이루기도 한다.
그러나 열심히 달리다가
나도 모르게 기준에서 벗어난 발자국은
삶에 곡선을 만들어 준다.

단언컨대 한 사람도 빠짐없이
우리 모두의 삶은
직선이 아닌 곡선일 테다.

유연해지면 잘 넘어지지 않아.
마음도 그래.

용납

◇◇◇◇◇◇◇◇◇

다른 사람들의 실수는 관대하지만
내 실수에는 그렇지 못한 편이다.
시간이 지날수록
감정은 사실보다 더 크게 부풀려져
부끄러움만 남는다.

최선을 다했다면
그때의 나를 안아 주기로 하자.
실수했다고 해서,
실패했다고 해서
소중하지 않은 것은 아니다.

"네 탓이 아니야.
그렇게 될 일이었어."

길을 잃었을 때

◇◇◇◇◇◇◇◇◇

여행지에서 길을 잃었던 적이 있다.
가로등만 켜져 있는 깜깜한 밤에
숙소를 찾아 걷고 또 걸었는데
앞을 보니 아까 출발했던 곳이었다.
등에서는 땀이 줄줄 흐르고
앞도 잘 보이지 않았다.
그날 같은 곳을 열 바퀴도 넘게 돌았던 것 같다.

삶에서도 길을 잃을 때가 있다.
가야 할 곳이 있는데 가는 길을 모르는 것이다.
안타깝게도 인생에는 표지판이 없다.
그래서 끊임없이 길을 찾고 찾아야 한다.
그러나 찾기만 한다면
결국 목적지에 도착한다.

길을 잃었지만
집을 찾아온 그때의 나처럼.

1.

어디로 가야 할지 모르겠어!

2.

3.

4.

5.

6.

오늘도 위로

◇◇◇◇◇◇◇◇◇

오늘은 아무 일도 일어나지 않았습니다.
아무 일이 없었다는 것은
가슴 쓸어내릴 일이 없었다는 안도에 가깝습니다.
불안을 마음 밖으로
밀어내며 보낸 하루는 참 고단합니다.

잠시 하늘을 올려다봅니다.
고개를 젖히니 깜깜한 밤이 평안을 전하고 있습니다.
넓은 하늘과 코끝 시린 바람의 냄새,
그 사이에서 살랑거리는 나무의 잎사귀들.

이 세상은 하나님이 펼쳐 놓으신
위로로 가득합니다.

comfort

지름길

◇◇◇◇◇◇◇◇◇

고난이라는 미끄럼틀 위에 서 있다면,
곧 빠른 속도로
하나님 앞에 도착하게 될 것이다.

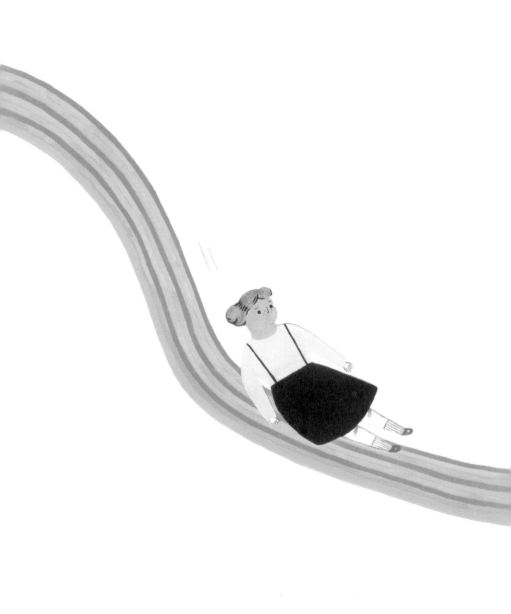

원인 모를 고통은 있으나,
목적 없는 고통은 없다.

.

예상 밖의 수확

◇◇◇◇◇◇◇◇◇

어떤 일을 시작하지 못하는 이유는
용기가 없어서가 아니라 간절하지 않아서다.
고통은 때로 그 간절함을 만들어 낸다.

3   2   1

lift up!

사실과 느낌 사이

◇◇◇◇◇◇◇◇◇

집 근처에 차도를 가로지르는
커다랗고 긴 육교가 있다.
육교 중간을 지날 때면 바닥이 유난히 흔들리는데,
강한 진동에도 버틸 수 있도록
내진 설계를 했기 때문이다.
높은 곳을 무서워하는 나는 다리를 건널 때마다
동공이 커지고 팔다리가 경직된다.
매번 겪어야만 하는 불안이
안전을 위한 장치 때문이라니.

내려와 멀찌감치에서 육교를 쳐다보면
다리가 참 튼튼하고 안정감이 있어 보인다.

그래,
감정을 믿지 말고,
사실을 믿자.

보호하심

◇◇◇◇◇◇◇◇

며칠 전에는 오른쪽 네 번째 손가락을 삐었는데
오늘은 가습기를 소독하다가
오른손에 뜨거운 물을 쏟았다.
데인 곳이 빨갛게 변했다가 다시 가라앉는다.

그림을 그리는 오른손을 다쳐서
불편하고 속상하긴 하지만
생각해 보니 통증이 있을 뿐
뼈가 부러진 것도 아니고,
큰 화상을 입지도 않았다.

자꾸 손을 다치는데도 나는 왜
하나님의 보호하심이 느껴질까.

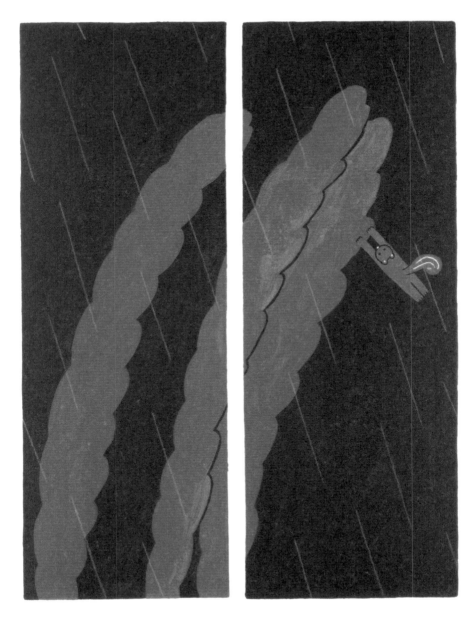

하나님의 살아 계심을
더욱 느끼게 되는 지점은
아무 일도 일어나지 않는 때가 아니라
사건 속에서도 지키시고
인도하시는 하나님을 경험할 때다.

우리가 이해할 수 없는 상황 속에서도
하나님은 여전히 선하시다.

∞ ♡

◇◇◇◇◇◇◇◇◇

하나님의 사랑을 회전축으로 삼아
평생을 뛴다고 해도
1도나 앞으로 나아갈 수 있을까.

너무 작아서 보이지 않는 것도 있지만
너무 커서 보이지 않는 것도 있다.

주머니에서 꺼낸 용기

◇◇◇◇◇◇◇◇◇◇

아이들이 어둠을 두려워할 때
나는 주머니에서 보이지 않는 용기를 꺼내어
아이들의 마음에 넣어 준다.

"무슨 색 용기를 줄까?"
첫째는 노란색 용기,
둘째는 무지개색 용기.
아이들은 자신이 원하는 색 용기를
마음에 넣는 시늉을 하고선
씩 웃으며 걸음을 내딛는다.

그들의 두려움을 가져간 것은 무엇일까.
그것은 아마도 동심 어린 주술적 행위가 아니라,
아이들을 사랑하고 존중하는 엄마의 마음일 것이다.

드르륵 탁.

하나님의 마음이 내 안에 밝혀지면
두려움은 자취를 감춘다.

인내가 소망을 이룰 때까지

◇◇◇◇◇◇◇◇◇

내가 고난의 시간을 지나며 인내할 때
나와 함께 하나님의 사랑도 인내하신다.

나를 위해 모든 것을 하실 수 있는 분이
아무것도 하지 않기 위해서.

중심 생각 찾기

◇◇◇◇◇◇◇◇◇

하나님의 사람들은
문제 상황 속에서 해결 방법을 찾기 전에
회복하고 지켜 내야 할
하나님 나라의 가치가 무엇인지 먼저 고민한다.

흔들리지 않는 중심이 세워지면
버티고 인내할 수 있다.

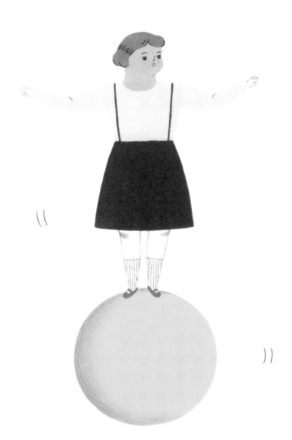

이후에 알게 되는 것

◇◇◇◇◇◇◇◇◇

문제가 해결되었을 때
충만한 안도와 평안을 경험하게 된다.
힘든 시간을 지나고 나서
평안의 진정한 가치를 알게 되는 것이다.

메마른 땅 너머에 펼쳐진 풀밭은
더욱 푸르르다.

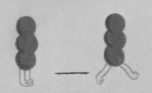

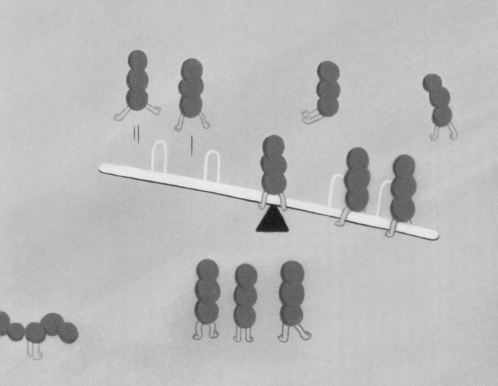

전지적 작가 시점

◇◇◇◇◇◇◇◇◇

빛은 쉬지 않고 세상에 그림을 그린다.
먹색의 그림을.

빛 아래 살아가는 만물의 움직임은
우리가 알지 못하는 사이에
시시각각 변하는 멋진 드로잉이 된다.

하나님 시점에서
빛과 그림자 사이에 살아가는 우리 삶은
말 그대로
예술이다.

YOUR LIFE

MY MASTERPIECE

오늘은

◇◇◇◇◇◇◇◇◇

매일이 다람쥐 쳇바퀴 도는 것 같다면
오늘은 신나게 돌아 보자.

#내가_너와_함께_달리고_있어
#앞만_보지_말고_옆도_봐

가능성

◇◇◇◇◇◇◇◇◇

완성!

스윽

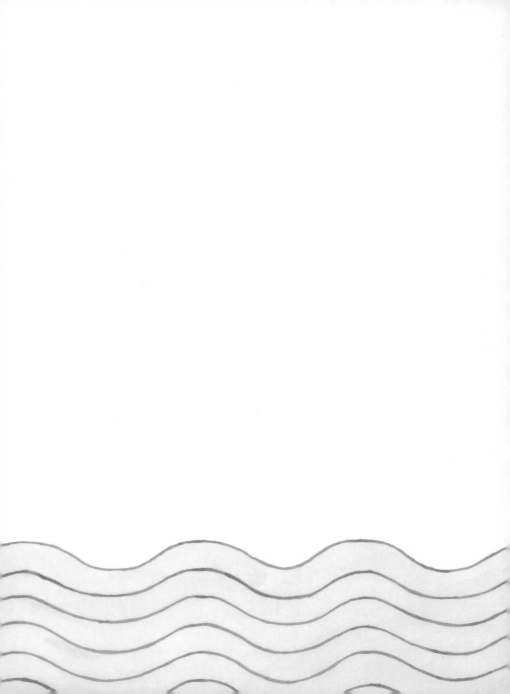

종이는
접으면 비행기가 되고
그림을 그리면 작품이 되고
태우면 불을 피운다.

구겨져 버린 종이 한 장도
하나님 손에 다시 펼쳐질 때
무한한 가능성이 된다.

2

십자가의 위로

작은 나무 이야기

◇◇◇◇◇◇◇◇

작은 나무가 있었습니다.

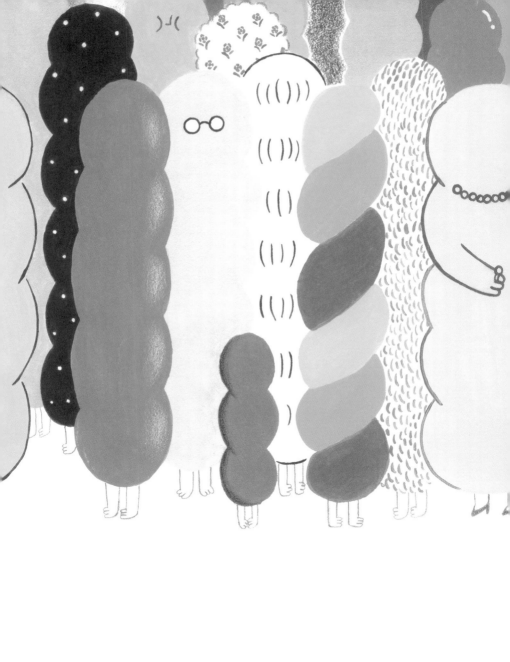

어느 날부터 나무에 검은 점들이
생기기 시작했습니다.
나무가 자신의 몸을 열심히 흔들어 보았지만
점들은 하나도 사라지지 않았습니다.

온몸이 얼룩덜룩합니다.

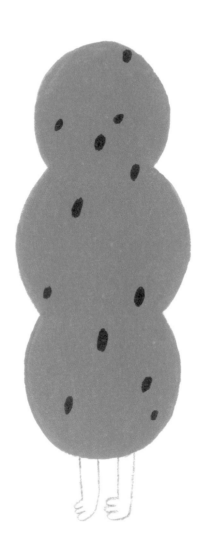

나무가 점점 말라 갑니다.
이제 나무가 할 수 있는 일은
아무것도 없습니다.

아무것도 하지 않습니다.

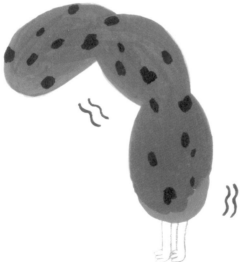

터벅터벅 발자국 소리가 나더니
나무의 몸이 들어 올려졌습니다.

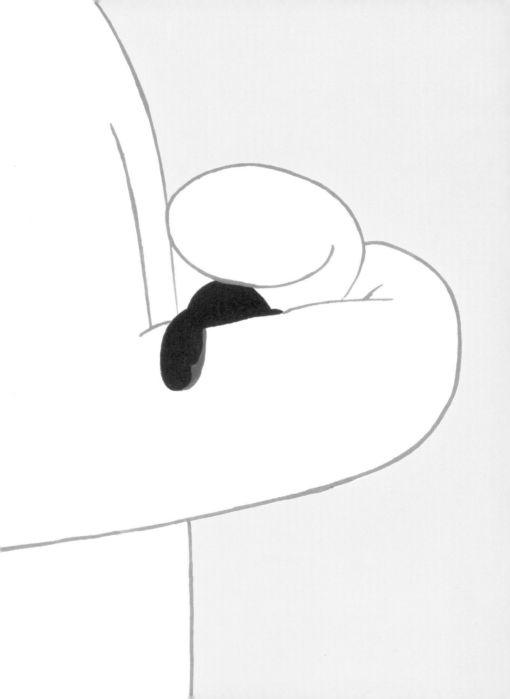

작은 나무는 아주아주 커다란
나무에 연결되었습니다.
그 나무는 잎이 셀 수 없이 많았고,
검은 점이 하나도 없었습니다.

작은 나무가 눈을 뜨자
커다란 나무의 신선한 수액이
온몸에 흘러 들어왔습니다.

나무는 다시 나무가 되었습니다.

새로운 나무가 되었습니다.

그런즉 누구든지 그리스도 안에 있으면
새로운 피조물이라

고린도후서 5:17

기억해

◇◇◇◇◇◇◇◇◇

기억해,
하나님이 날 구원하기 위해 하신 일을.

기억해,
하나님이 내 삶을 인도하신 것을.

기억해,
하나님이 누구신지를.

다시 기억하면 돼.

사랑밖에는

◇◇◇◇◇◇◇◇

하나님의 사랑은 다양한 형태로 온다.
그래서 종종 우리가 알아채지 못할 때가 있다.

그러나 우리가 하나님께 받은 것 중에
사랑이 아닌 것은 단 하나도 없다.

그럴 수밖에

◇◇◇◇◇◇◇◇

아이가 태어난 지 1년도 안 되었을 때
어느 날 갑자기 열이 오르더니
손발이 터질듯이 붓고
며칠을 아무것도 먹지 못한 적이 있었다.

보통의 기도 속에는
'그리 아니하실지라도 감사할 것'이라는
전제가 있지만,
자녀가 위험한 상황에서는 그럴 수가 없다.

하나님이 그분의 자녀를 살리기 위해
예수님을 보내셨던 일은
선택의 문제가 아니었다.

올려다보아야 할 분을
내려다보게 되었네,

그날에.

기쁨을 위하여

◇◇◇◇◇◇◇◇◇

감추고 싶은 부분이 드러났을 때
굉장한 수치심이 든다.
죄를 깨닫고 나서도 그렇다.
수치심은 무엇으로도 쉽게 해소되지 않는다.
그래서 사람은 죄를 지을 때가 아니라
깨달을 때 무너진다.

예수님은 죽임을 당하실 때
수치의 감정까지 느끼셔야만 했다.
나의 죄 때문에 내가 느껴야 할 정서적 고통까지
예수님이 대신 감당하셨다.
나의 구원이
그 어떤 것보다 더 큰 것이어서.

그는 그 앞에 있는 기쁨을 위하여 십자가를 참으사
부끄러움을 개의치 아니하시더니

히브리서 12:2

그의 옷이 벗겨지심으로
나는 옷을 입게 되었다.

그 앞에 있는 기쁨을 위하여

십자가의 고백

안녕하세요.
저는 그날의 십자가입니다.

120

제가 골고다 언덕에 오르게 된 그날,
바닥에 눕혀진 저는 서서히 가까워지는,
상처 가득한 그분의 등을 보았습니다.

피하고 싶었습니다.
하지만 곧바로 핏물들이 후두둑 나를 적셨고
여러 개의 못이 그분의 손과 발을 지나 나를 찔렀습니다.
너무나 아팠지만 나는 입을 다물었습니다.
그분의 고통 앞에서 어떤 소리도 낼 수 없었습니다.
무거워진 내 몸이 들어 올려졌고,
나는 공중에서 주님의 무게를 느껴야만 했습니다.

거칠게 몰아쉬는 숨소리에 이어
희미하게 떨리는 목소리가 들려왔습니다.

"아버지,
저들을 용서해 주세요."

나는 엉엉 소리 내어 울고 말았습니다.
하늘에 울려 퍼진 울음소리는 천둥소리에 묻혀
아무에게도 들리지 않았습니다.
나는 계속해서 울었습니다.
예수님이 숨을 거두실 때까지.

뒷모습이라서 다행입니다.
만약 그분의 얼굴을 마주했다면
나는 무너져 버렸을 것입니다.
내가 감당해야 했던 것은
그분의 뒷모습이어서,
간신히 간신히
그 시간을 버텨 낼 수 있었습니다.

그런데 왜 자꾸 난
보지 못했던 그분의 얼굴이 보이는 걸까요.
피범벅이 된 얼굴 사이로 빛나는
따스하고 선한 그분의 눈빛이요.

손

◇◇◇◇◇◇◇◇◇

무서울 때 누군가 손을 잡아 주면
그게 그렇게 힘이 된다.
때마다 잡아 주던 누군가의 손이
사진처럼 기억에 남아 여전히 고맙다.

어린 시절 학교에 입학할 때 잡았던 엄마의 손,
출산할 때 뒤틀리던 내 손을 지탱해 준 남편의 손,
아플 때 힘내라고 쓰다듬어 주던 아이의 손.
해가 갈수록 겁도 많아지는지
얼마 전 치과 치료를 받을 때도
누가 내 손을 좀 잡아 주면 좋겠다고 생각했다.

손은 또 하나의 말이고,
힘이고, 사랑이다.
그래서 예수님은
손에 구멍을 남겨 놓으셨나 보다.

변할 수 없는 사랑

◇◇◇◇◇◇◇◇◇

하나님이 나를 사랑하시는 이유는
내가 예쁘게 생겨서도 아니고,
말을 잘 들어서도 아니다.

하나님의 사랑은
'내가 너를 만들었다'는
이미 완성된 사실에 기인한다.

내 마음은 시시때때로 변하고
몸은 점점 늙어 가지만
하나님의 변할 수 없는 사랑으로
나는 영원히 그분 품에
아이처럼 안겨 있을 것이다.

답지 않아도

◇◇◇◇◇◇◇◇◇

'- 답게' 살아가는 것이 쉽지 않다.
맡은 임무를 기대만큼 해내야 하고
보여야 할 모습을 잘 갖추어야 한다.
긴장의 연속이다.

하나님 앞에 서면
참았던 숨이 내쉬어진다.

자녀답지 않아도
자녀이기 때문이다.

구원

◇◇◇◇◇◇◇◇◇

대여섯 살 때쯤 엄마와 함께 목욕탕에 갔다가
물에 빠졌던 적이 있다.
목욕탕에서 만난 또래와 탕에서 놀다가
엄마가 보지 못한 사이에 발을 헛디뎌
그대로 미끄러진 것이다.
키가 아주 작았고 운동신경도 발달하지 않았을 때라
발을 땅에 대려고 해 봐도
팔다리가 마음처럼 움직이지 않았다.
허우적대며 물속에서 눈을 살짝 떴는데
앞은 뿌옇고 숨을 쉬려 하니
왈칵왈칵 물만 삼키게 됐다.
그렇게 생사를 오고 가는 중에
누군가 내 머리채를 잡아 끌어올렸다.
엄마였다.
아, 살았다!

한적하고 조그마한 동네 목욕탕에서
아무도 모르는 사이에 벌어진 일이었다.
어린 나이에 나는 구원을 경험했다.

우리는 모두 죽음에서 건져진 사람들이다.

해피엔딩

내내 잠잠하던 나무에 동그랗고 작은
열매가 보이기 시작한다.
처음으로 열린 이 귀한 열매는
앞으로 수많은 열매가
터져 나올 것이라는 신호탄이다.

부활의 첫 열매가 되신 예수님을 따라
우리 모두는 다시 살아난다.
이 사실이 소망인 것은,
예수님은 사랑이시고
우리가 영원히 살아갈 그 나라엔
예수님이 계시다는 것이다.

하나님의 사랑은
단순히 우리를 위로하는 차원에서 끝나지 않는다.
우리에게 예정된 꽉 닫힌 결말은
해피엔딩이다.

서두르지 않음의 의미

◇◇◇◇◇◇◇◇◇

아이를 위해 선물을
준비해 놓은 부모는 느긋하다.

부모는 지금 아이가
어떤 이유 때문에 울고 있더라도
값진 선물을 받을 때
분명 웃을 것을 안다.

하나님이 서두르지 않으시는 것은
그만큼 기대해 볼 만한 선물을
준비해 놓고 계시기 때문 아닐까.

은혜

◇◇◇◇◇◇◇◇◇

8월이 되면 집 앞 나무에 작은 꽃들이 핀다.
한여름의 꽃이 참 예쁘고 반갑다.
진초록과 꽃분홍색의 대비는
한낮 무더위 속에서
청량감마저 느끼게 한다.

나는 이 고마운 나무에 물을 주거나
벌레를 떼 내어 준 적이 없다.
해준 것도 없는데 꽃나무는
매년 우리 가족에게 기쁨을 준다.

선물같이 피어난 8월의 꽃나무를 보며
은혜를 깨닫는다.

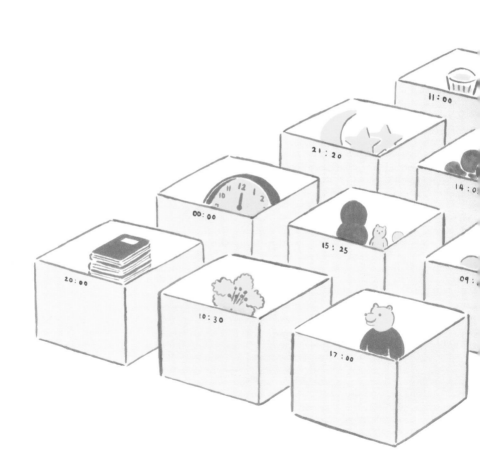

주님이 그러하시기에

◇◇◇◇◇◇◇◇◇

나는 가진 것이 없지만
주님의 풍성하심으로 기뻐합니다.
내가 연약하기에 주님의 완전하심을 찬양합니다.
내 무능함이 주님의 능력을 덧입습니다.
내 어떠한 모습으로도
주님을 누릴 수 있음이 은혜입니다.

주님 때문에 마음이 부요해 지는 것을
그 무엇도 막을 수 없습니다.

많아서 풍성한 것이 아니라
귀해서 풍성한 거야.
귀한 그 하나가 온 마음을 가득 채우지.

승리

◇◇◇◇◇◇◇◇

나를 힘들게 하는 사람을
잠잠히 인내하는 것.

무섭고 어려운 상황 앞에서
두려워하지 않는 것.

보이진 않지만
소망을 붙잡고 전진하는 것.

예수님 때문에 할 수 있는 이 일들이
나의 승리이다.

그러므로 땅이 변하든지 산이 흔들려
바다 가운데에 빠지든지
바닷물이 솟아나고 뛰놀든지
그것이 넘침으로 산이 흔들릴지라도
우리는 두려워하지 아니하리로다 (셀라)

시편 46:2-3

이거 내가 받았던 건데
너한테 줄게.

세 개 다리 의자 이야기

저는 세 개 다리 의자입니다.
만들어질 때부터 다리가 세 개 뿐이에요.

그래서 누군가를 앉히기는커녕
스스로 서 있기도 힘이 듭니다.

정말 쓸모없죠.
아무도 저를 필요로 하지 않아요.

도대체 저는 왜
이렇게 만들어진 걸까요.

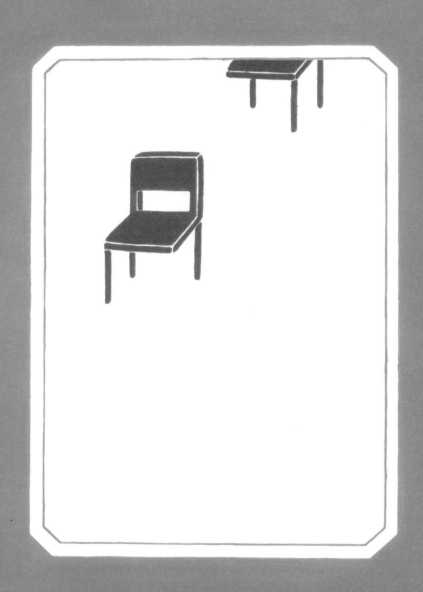

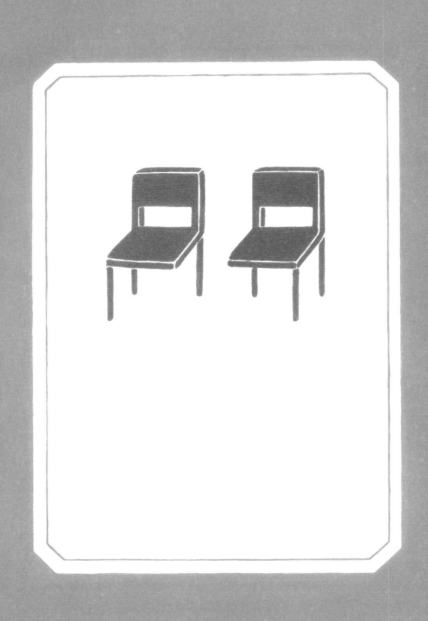

얘야,

세상에서 하나뿐인 너는
나에게 너무 특별하고 소중하단다.
내가 너와 같은 모습으로
함께 있을게.

가까이 오렴.
우리가 하나가 되면
작은 누군가에게
쉴 자리가 되어 줄 수 있을 거야.

내가 완벽해지는 것보다 더 놀라운 기적은
그분이 나와 같은 모습으로 이 땅에 오셔서
나 대신 죽기까지 하시고
진실한 친구가 되어 주셨다는 것입니다.

3

세상에서 위로

변화

◇◇◇◇◇◇◇◇◇

온도의 변화는 계절에 대한 감각을 일깨워 준다.
달라진 바람을 부산스럽게 맞이하다 보면
계절의 교집합을 지나 적응기가 찾아온다.

끊임없이 바뀌는 날씨처럼
우리는 변화 속에 살아간다.
한 자리에 오래 머무르고 싶지만,
밀려오는 상황들 때문에 자꾸만 꿈틀거리게 된다.
누군가 귀에 대고 외치는 듯하다.
움직이라고.

길고 지루하던 계절을 벗어 버리듯
내 안에 버려야 할 것들을 점검해 본다.
지금 나에겐 변화가 필요하다.
이미 익숙한 것들에서 벗어나
신선하고 건강한
영적인 환경에 적응하여 살아가도록.

자라난다

◇◇◇◇◇◇◇◇◇

나무는 하늘을 향해 자란다.
중력의 방향을 거스를 만큼
자라나는 것엔 굉장한 힘이 있다.
생명이 그 안에 있기 때문이다.

내가 할 일은 자라는 것이 아니라
생명을 지키는 것이다.
내 안에 생명 되신
주님을 잃어버리지 않는 것이다.

마음 그릇

허전한 마음에 자꾸 무언가를 담으려고 하는데
먹을 것,
입을 것,
즐길 것.

깨끗하게 비워 놓아야 하나님이 채우시지.

채우는 일보다 더 어려운 것은
비워진 채로 놔두는 것.

Empty & Clean

거룩

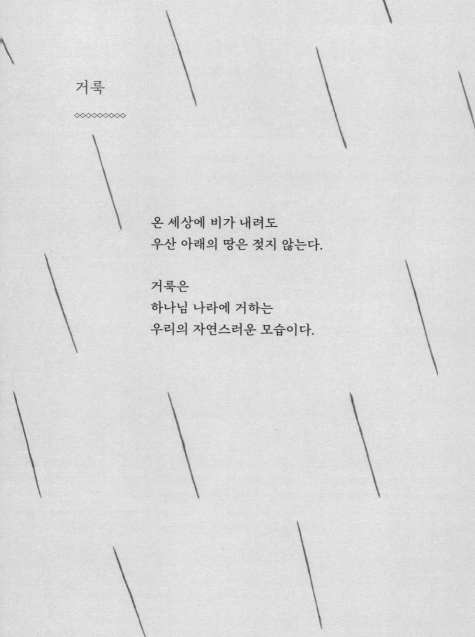

온 세상에 비가 내려도
우산 아래의 땅은 젖지 않는다.

거룩은
하나님 나라에 거하는
우리의 자연스러운 모습이다.

숨은 뜻

∞∞∞∞∞∞

"너를 사랑해"
라는 말 속에는
'너도 나를 사랑했으면 좋겠어'
라는 마음이 숨어 있다.

하나님이 나에게 원하시는 것은
쌍방향 사랑.

같이 산다면

◇◇◇◇◇◇◇◇◇

같이 살면 서로 닮는다.
좋아하는 음식이나 옷 입는 스타일,
그리고 표정과 생김새도 비슷해진다.
가치관과 생각에도 비슷한 결을 갖게 된다.

하나님과 함께 살면서
하나님을 닮아 가지 않는 것은
불가능하다.

스펙트럼

그림을 처음 배울 때는
연필심을 부러뜨릴 정도까지의 진한 색을 써 봐야
약한 톤부터 강한 톤까지의 표현력이 생긴다.

하나님을 깊이 예배하고 싶다면
하나님을 진하게 새겨야 한다.

하나님을 아는 만큼
그분을 예배할 수 있다.

토끼는 이렇게 생겼더라?

이상하다. 이렇게 생겼던데?

아니야, 이게 바로 토끼야.

예배의 농도는 단순히 시간만이 아닌
그 시간 속에서
하나님을 바라보는 시각에 비례한다.

신앙생활

무언가를 대가 없이 얻었을 때는
그것을 충분히 나눌 수 있는 너그러움이 생긴다.
하지만 힘을 다해 쟁취한 것에 대해서는
조금이라도 잃지 않으려는 강한 의지를 갖게 된다.
복음에는 이 두 가지 반대되는 정신이
동시에 작용한다.

타인에 대해서는 우리가 은혜로 받은 구원을
숨김없이 내어 보이는 너그러움이,
자기 자신에게는 이미 얻은 구원을 지켜 나가려는
투쟁적인 수호의 자세가 요구되는 것이다.

나의 구원을 누군가에게 주는 것도,
빼앗기는 것도 불가능하지만
최선을 다해 전하며,
힘을 다해 지켜 가는 과정을 통해
우리는 오롯이 구원에 이르는
한길을 걸어갈 수 있다.

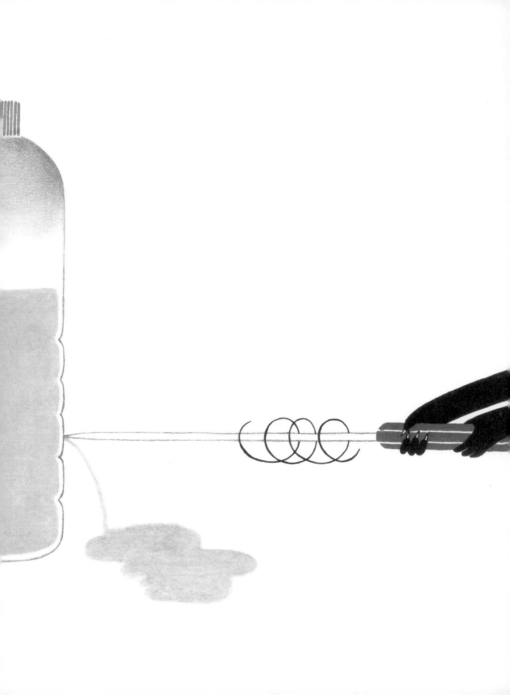

분별하기

내가 선하다고 생각하는 것이
하나님 보시기에 선하지 않을 때가 있다.
아무리 좋아 보이는 일이라도
주님의 뜻이 아닐 수 있다는 것을 알게 된 후로
모든 결정이 어려워졌다.

그분의 뜻을 구하는 시간만큼
기다림이 길어지고,
삶의 흐름은 느려지지만
이제는 그전으로 돌아갈 수 없다.

청지기

∞∞∞∞∞∞∞

하나님의 사람들에게는
두 가지 능력이 있다.
없는 것을 있는 것처럼 보는 능력,
그리고 있는 것을 없는 것으로 여기는 능력.

의로운 종은
주인의 것을 탐하지 않는다.

순종

◇◇◇◇◇◇◇◇

자꾸 계산을 하니까
순종이 어렵다.

그러나 하나님의 말씀에
온갖 연산부호를 다 갖다 붙여도
답은 하나.

not 편안, but 평안

우리는 매일같이 한 번도 가 보지 않은 길을 간다.
초행길에서 헤매지 않는 가장 안전한 방법은
길을 아는 이에게 운전대를 맡기는 것이다.

I am not a driver.

하나님은 우리를 바퀴 달린 자동차에 태우지 않으신다.
그래서 우리가 따라 걷지 않으면 목적지에 갈 수 없다.
그분의 차는 순종이라는 보이지 않는 바퀴로 움직인다.

기도

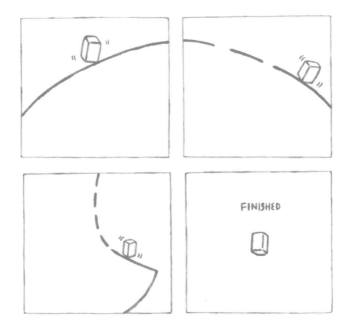

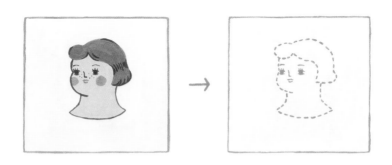

나를 지우는 작업,

불청객

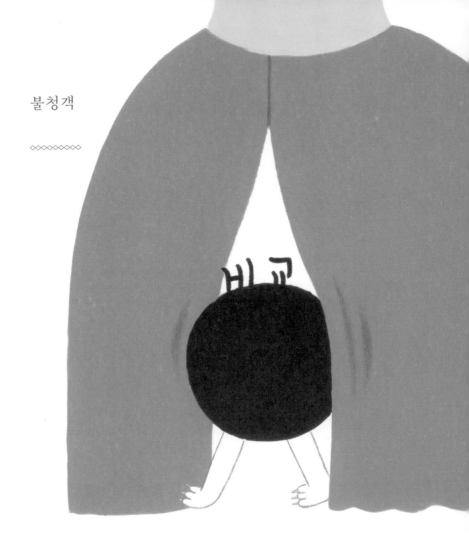

외로움마저

◇◇◇◇◇◇◇◇◇

혼자 있을 때는
외롭다는 생각이 잘 들지 않는다.
오히려 무리 속에 있을 때
멀리서 들려오는 사람들의 웃음소리와
그들의 친밀한 모습으로부터 외로움이 몰려온다.
나에게 외로움은
귀와 눈으로 들어오는 정보를 통해
상대적으로 깨달아지는 감정이다.

내가 그 감정을 내 것으로 만들지만 않는다면
외로움은 나름의 역할을 하고 스치듯이 지나간다.
내 안에 늘 함께하시는 주님이
외로움이 맺어 준 사람들과의 관계 속에서
풍성해지는 것이다.
그러니 하나님 안에서는
작은 감정 하나 버릴 것이 없다.

꽃을 피우는 말

◇◇◇◇◇◇◇◇◇

고마워

이해해

사랑해

응원해

절제

◇◇◇◇◇◇◇◇◇

우리의 삶이 이 세상의 유한한 것들을
열고 닫는 것의 반복이라면
절제는 열어 놓은 것을
능동적으로 닫을 수 있는 힘이다.

닫는 힘을 기르자.
적절한 지점에서 맺을 때
삶은 더욱 건강하고 즐거워진다.

놀이기구가 재미있는 이유는
5분 안에 끝나기 때문이다.

놀이

어른이 되면 놀이라는 개념이 흐릿해진다.
취미생활이나 여행은
일과 일 사이에 있는 휴식이지
어린아이들처럼 일상이 놀이가 되는 것과는 다르다.

놀이 속에는 호기심이 있고 상상력도 있다.
놀이 속에는 두려움이 없고 걱정도 없다.
놀이를 하다 보면 좋은 가치들이 피어난다.
아이는 자신의 삶을 책임져 주는
부모라는 울타리 안에서
온전히 놀이를 즐길 수 있다.

어른이 된 우리는
다시 놀이를 배워야 할 필요가 있다.
우리에겐 아버지가 계시다.
아버지가 하나님 정도면
아침에 눈을 떴을 때 즐겁고 설레는 것이 맞다.

RE-CREATION

직진

오랜 시간을 지나 한 분야에 전문가가 되었고
성실함과 열정까지 있는데,
주위에서 아무도 알아주지 않고
길도 쉽게 열리지 않는다면?

그래도 계속 가야지,
사명이라면.

놓고 싶지 않아도 놓아지는 일과,
놓으려고 해도 놓아지지 않는 일.

단순한 삶

◇◇◇◇◇◇◇◇◇

무대 위에 조명이 켜지면
빛 밖에 있는 것들은 보이지 않듯이
하나님이 사명에 빛을 비춰 주시면
복잡하던 것들이 단순해진다.

삶이 복잡해지는 이유는
우리가 빛 안으로
자꾸 무언가를 가져다 놓기 때문이다.

꿈

◇◇◇◇◇◇◇◇◇

지금 붙잡고 있는 것이
나의 꿈일까, 하나님의 꿈일까.

내가 나를 위해 하는 것인지,
내가 주님을 위해 하는 것인지
끊임없이 물었다.
그런데 결국 주님이
나를 위해서 하시는 일이었다.

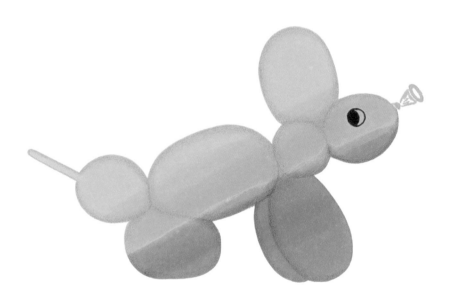

착한 그리스도인

◇◇◇◇◇◇◇◇◇

예수님을 인격적으로 만나면서
더욱 착한 사람이 되어야겠다는 생각을 했다.
다른 사람들에게 순서를 양보하고
무리를 짓지 않으려고 노력했으며
길에서 어려운 사람을 만나면
먹을 것을 사 드리거나
돈을 드리기도 했다.

그래서 당연한 내 것들을 못 챙긴 적이 많았고
아웃사이더가 되기도 했다.
한 노숙자분은 내가 드린 돈으로
컵라면을 사서 주위에 나누다가
쟁탈전이 벌어져 경찰서에 가기도 하셨다.

세상은 착한 것이 좋지 않다 말하고
내가 했던 착한 일의 결과가 늘 좋지만은 않았다.
하지만 시간이 흘러 이제는 야무지게
내 것을 잘 챙기는 사람이 되고 보니
교회 안에 착한 사람들이 무척이나 그립다.

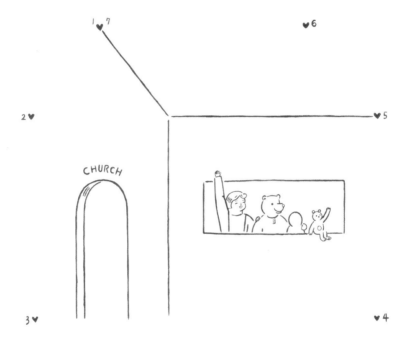

따뜻한 마음과 마음을 이어 교회를 완성해 보세요!

겨울 안에서

◇◇◇◇◇◇◇◇◇

추위가 빨리 지나가면 좋겠는데
겨울은 꼭 자기의 시간을 다 채운다.

겨울이 누구에게나 머물고 가는 계절이라면,
그 속에서 나는 할 수 있는 일을 해야겠다.
온기를 나누어 주는 일.

내가 물이라면

◇◇◇◇◇◇◇◇◇

물은 흐르다가
흩어지기도 하고
다시 모이기도 하여
구름이 되고 빗방울이 된다.

나는 지금 누군가에게
소나기처럼 내리고 있는가,
단비로 내리고 있는가.
아니면
아무에게도 내리지 않고 있는가.

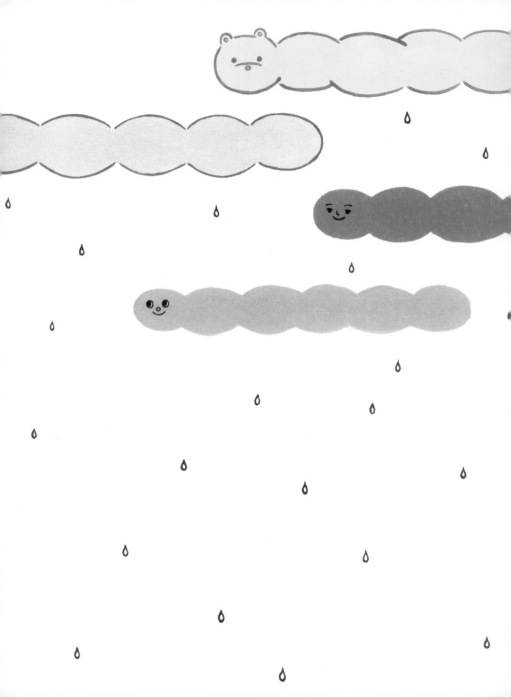

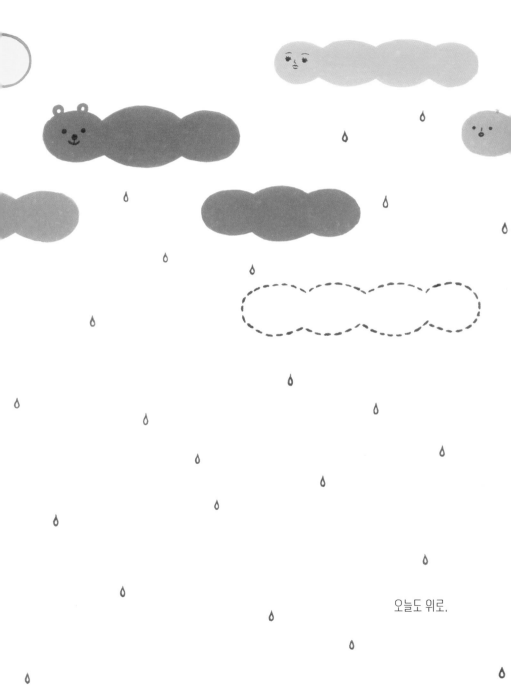

오늘도 위로.

에필로그

우리는 누군가의 '아는 사람'으로 살아간다.
그냥 알기만 하던 사람에게 어느 순간 애정이 흘러가면
그 사람은 특별한 사람이 되고
특별한 사람에게 사랑이 흘러가면
소중한 사람이 된다.
그렇게 나는 누군가에 의해서,
누군가는 나에 의해서 소중한 사람이 된다.

한 사람에게 소중한 마음이 많이 쌓이면
그 사람은 정말 행복한 사람이 되겠지.
아는 사람으로 출발했던 나의 소중한 사람들이
그리고 세상의 모든 소중한 사람들이
행복하면 좋겠다.

마지막으로 내 삶을 다해 살아 내고 싶은 단 하나의 마음을
지워지지 않을 이곳에 새겨 놓는다.

사랑한다,
사랑한다,
너를 사랑한다.